NOTICE

DE LA SITUATION

POLITIQUE ET MILITAIRE

DE LA FRANCE

AVANT ET DEPUIS LA RÉVOLUTION.

———

PARIS,

Chez les Marchands de Nouveautés.

IMPRIMERIE DE CHAIGNIEAU JEUNE.

1818.

AVERTISSEMENT.

Eᴛ moi aussi, j'ai rédigé des mémoires sur la révolution dont nous avons tous été témoins et victimes; révolution qui a frappé en France depuis le plus grand coupable jusqu'aux plus vils de ses complices; depuis le monarque trop indulgent, son épouse, ses enfans et la famille royale entière jusqu'au dernier paysan; depuis les princes du sang jusqu'au dernier gentilhomme; depuis les cours souveraines (qui n'étaient pas sans reproches) jusqu'aux tribunaux subalternes; depuis le financier et le négociant millionnaires jusqu'au dernier artisan; depuis le plus opulent créancier de l'état jusqu'au mendiant; depuis le bourgeois le plus vain et le plus riche jusqu'au dernier prolétaire.

Depuis nos plus illustres généraux, et les

plus vaillans de nos guerriers, jusqu'aux derniers de nos conscrits à peine adolescens.

Depuis les palais et les plus grands monumens de nos arts jusqu'à la plus chétive cabanne.

Depuis les tombeaux et les cendres de nos rois et des héros de la France, indignement profanés, jusqu'aux corps mutilés de nos braves soldats, abandonnés par milliers, morts et blessés, saus secours et sans sépulture, sur des champs de bataille, à la vorarité des bêtes féroces.

Révolution impie, qui a frappé depuis la Tiare et les princes de l'église jusqu'aux plus humbles des ministres des autels; qui a blasphémé l'Être Suprême, et renversé ses temples après les avoir souillés par les plus horribles profanations.

Révolution qui, après avoir couvert la France d'échafauds, de bourreaux et de sang innocent, a renversé ou ébranlé jusque dans leurs fondemens tous les trônes de l'Europe, et châtié ainsi la connivence ou l'insouciance des souverains qui l'ont fomentée, ou qui ne l'ont pas étouffée dans son principe, quand ils le pouvaient facilement.

Fléau politique, qui a porté pendant vingt-cinq ans la dévastation dans l'Europe entière et dans les deux mondes, et qui a coûté la vie ou la liberté à quatorze monarques (1), et entraîné la déconsidération des autres et l'asservissement de leurs peuples.

En attendant que mes mémoires paraissent, il sera utile à la génération naissante de lui présenter une notice de la situation politique

---

(1) Louis XVI, Louis XVII, deux rois de Suède, un empereur russe, deux empereurs turcs, un sultan indien (Tippoo Saïb), deux souverains pontifes (Pie VI, Pie VII), deux rois d'Espagne, un roi de Sardaigne, et une reine d'Étrurie.

et militaire de la France avant la révolution,
et de sa situation actuelle, sous ces mêmes
rapports, depuis la révolution.

SITUATION
POLITIQUE ET MILITAIRE
DE LA FRANCE
AVANT LA RÉVOLUTION.

Avant la révolution, la France avait pour voisins, en-deçà et au-delà des Alpes, Genève, dont les armées n'étaient pas redoutables, mais dont les théologiens et les écrivains politiques, ainsi que les spéculateurs financiers, ont fait plus de mal à la France que des armées;

Le roi de Sardaigne et l'Autriche, maîtresse alors du Milanais seulement.

La France avait pour alliés, sur ces mêmes points, les Suisses et Grisons, la république de Gênes, celle de Venise, le duc de Parme et le roi de Naples. Tout était balancé.

Au-delà des Pyrénées, la France avait pour voisin et pour allié l'Espagne.

Par les côtes de la Picardie, de la Normandie et de la Bretagne, elle était et elle est voisine de l'Angleterre; mais élle avait quatre-vingts vaisseaux de ligne, et l'Espagne lui en offrait autant.

Par la Flandre française, surnommée la frontière de fer, elle était voisine de la Flandre autrichienne, désarmée depuis un demi-siècle, d'ailleurs à deux cents lieues de Vienne, et qui la séparait alors de la Hollande.

Par la Champagne et la Meuse, la France était voisine des Hollandais et des Liégeois; mais alors ce point de contact était redoutable pour eux et non pour elle.

Par l'Alsace, la Lorraine et le Rhin, la France avait pour voisins et pour amis le duc de Deux-Ponts, l'électeur palatin, celui de Bavière, les électorats ecclésiastiques de Trèves, de Cologne et de Maïence. Ces dernières souverainetés, ainsi que la principauté de Liége, quoique populeuses, étaient peu militaires, et par conséquent peu dangereuses pour la France.

Nos frontières étaient hérissées de places fortes, en première, seconde et troisième lignes.

Cent cinquante mille hommes en temps de paix, trois et quatre cent mille en temps de guerre, nous mettaient à l'abri d'une invasion, et nous permettaient l'offensive.

En cas d'un danger imprévu, le monarque augmentait rapidement et sans contradiction son armée de deux cents, de trois cent mille hommes, et trouvait en vingt-quatre heures, par un emprunt, cent ou deux cents millions en espèces sonnantes, pour faire face à çette dépense urgente.

Nous avions donc, je le répète, une partie de l'Allemagne et de l'Italie, l'Espagne et la Suisse pour alliés, ainsi que la Suède dans le nord et la Turquie dans le levant.

Nous avions une puissante marine militaire, et celle d'Espagne pour auxiliaire.

Nous avions de vastes et florissantes colonies, qui alimentaient un commerce annuel de deux cents millions. Nous dominions sur la Méditerranée.

Telle était la situation politique et militaire de la France avant la révolution opérée par la minorité de l'assemblée constituante, ou plutôt déconstituante, qui, de sa pleine puissance, s'est substituée aux états-généraux, contre le vœu exprès de l'immensité de ses commettans, *indè mali labes.*

————————————

SITUATION
POLITIQUE ET MILITAIRE
ACTUELLE
DE LA FRANCE.

Depuis les deux invasions qu'a subies la France, depuis la dernière sur-tout, nécessitée par le fatal retour de Buonaparte, et par la défection, non pas de la nation, mais de l'armée, *trompee* sur les vrais sentimens de la nation, non-seulement la France a perdu ses conquêtes, non-seulement elle a perdu ses anciens alliés en Allemagne et en Italie (Naples excepté), mais on lui a enlevé Landau, le fort Louis, Bouillon, etc.

Plusieurs de ses places fortes et de ses départemens sont occupés par les étrangers; leur entretien, leur habillement, leur casernement sont à notre charge.

Des subsides immenses sont sortis annuellement de France, et nous sont imposés par toute l'Europe, comme indemnité et représailles de nos propres invasions sous nos gouvernemens révolutionnaires, ce qui malheureusement peut désormais donner lieu à d'autres représailles, et finir par les éterniser. — Ce sera un fléau de plus pour l'Europe.

Nous n'avons plus qu'un cadre d'armée : il ne nous est pas libre d'en former une convenable, d'abord par la situation de nos finances, et de plus, par les conventions du traité de Paris.

Au lieu des paisibles voisins que nous avions sur le Rhin, sur la Meuse et en Flandre, et des alliés que nous avions en Allemagne et en Italie, nous n'avons plus d'alliés ni en Italie (Naples excepté), ni en Allemagne; je veux dire d'alliés datant de deux siècles, et intéressés pour eux-mêmes au sort et à la prospérité de la France; alliés que nous devions à Henri-le-Grand, au père des Bourbons.

En Italie, la *Sardaigne*, agrandie de l'état de Gênes et d'autres territoires encore; l'*Autriche*, maîtresse du Milanais, des états de Venise, de ceux de Raguse, de la Toscane, du Mantouan, du Modenois, de Parme, etc., peuvent jeter de concert cent mille hommes et plus en Provence, en Dauphiné et sur Lyon, et insulter en même-temps, par leurs escadres, nos côtes méridionales, Toulon, Marseille, etc., etc., puisque ces puissances ont en leur possession Trieste, Venise, le golfe Adriatique, Gênes, son littoral, Savone et Nice, comme les Anglais ont aujourd'hui, indépendamment de Gibraltar, Malte et les îles vénitiennes (1).

Depuis que la Flandre autrichienne a été (contre son gré), adjugée aux Hollandais, ce qui, avec la principauté de Liége, leur procure une population de quatre millions d'âmes, et des provinces fertiles et opulentes, qu'ils se hâtent de couvrir de places fortes jusqu'aux portes de Lille, les Hollandais pourront porter, quand ils le voudront, cent mille hommes sur notre frontière du nord.

Sur la Meuse, nous retrouvons encore ces mêmes Hollandais, renforcés de la principauté populeuse de Liége, et maîtres de

---

(1) J'ai vu, il y a quarante-cinq ans, dans les arsenaux de Venise, vingt vaisseaux de ligne et frégates.

Gênes et son littoral peuvent en armer dix. Voilà donc, sans les Anglais, trente bâtimens de guerre contre nous dans la Méditerranée. — Malte était pour nous, elle est aujourd'hui contre nous.

Maestreicht et des forteresses de Luxem-
bourg et de Namur.

Sur le Rhin, nos paisibles voisins les
électeurs ecclésiastiques sont remplacés par
les Prussiens, qui, de concert avec l'Autriche et avec l'armée future, dite armée
de l'empire, peuvent sans effort inonder
cette frontière de trois cent mille hommes
et plus.

Enfin, l'Alsace et la Lorraine, qui étaient
en contact avec le duc de Deux-Ponts et
l'électeur palatin, le sont aujourd'hui avec
le grand-duc de Bade et le roi de Bavière,
qui, ayant réuni avec ces deux états d'autres
territoires considérables en Allemagne, peuvent aisément porter de concert leur armée
à soixante ou quatre-vingt mille hommes.

Telle est aujourd'hui la situation politique
de la France, cernée sur toutes ses frontières,
les Pyrénées exceptées; situation qui se
trouverait encore aggravée par cent mille
hommes si nous avions guerre avec l'Angleterre, par les forces réunies des Anglais, des
Hanovriens, des Hessois, du Wurtemberg
et de Brunswick.

Et dans ce cas, n'ayant plus de marine, ni
de colonies pour en reformer une, nos côtes

seraient en outre à la merci des Anglais (1).

Je dis que nous n'avons plus de colonies ; car, depuis les pertes que nous avons faites de Sainte-Lucie, de Tabago, de Saint-Domingue aux Antilles, et de la Louisianne

----

(1) Résumons les forces actuelles des alliés substituées à celles de nos anciens voisins.

En Italie, la Sardaigne et l'Autriche peuvent attaquer nos provinces méridionales avec cent mille Italiens aguerris. 100,000 hommes.

Sur la Meuse, les Hollandais peuvent porter *idem*. 100,000

Par la Flandre, ces mêmes Hollandais peuvent disposer également de 100,000

Par le Rhin, les Prussiens, Autrichiens et Allemands, peuvent porter sur cette frontière 300,000

Plus, en cas de guerre avec les Anglais, les Hanovriens, Hessois, etc., et Anglais réunis, y joindraient 100,000

Total. . . . . 700,000 hommes.

La France sera donc forcée désormais, même en temps de paix, pour se trouver en mesure et sur la simple défensive contre ses voisins ; car je ne ne parle pas des Russes, des Suédois, des Danois, qui peuvent s'y joindre, ainsi que nous l'avons vu... La France, dis-je,

sur le continent de l'Amérique , enfin , de l'Ile-de-France sur la mer d'Afrique : je compte pour rien la Martinique et la Guadeloupe aux Antilles , et l'Ile-de-Bourbon sur la route des Indes-Orientales , ainsi que les ruines de Pondichéri , sous le canon de Madras , et le chétif comptoir de Chandernagor au Bengale ; sous le canon de Calcuta.

Il nous reste , il est vrai , dans l'Amérique Méridionale , une partie de la Guyanne , que nous avions également perdue et que l'on vient de nous restituer ; mais cette vaste région n'est ni défrichée , ni peuplée , et ne le sera peut-être pas d'un ou deux siècles , si toutefois elle nous reste ; car , depuis deux cents ans , nous n'avons fondé , peuplé et cultivé des colonies , que pour les voir passer dans la main des Anglais ; et depuis peu (grâce à la révolution) dans la main

---

sera donc forcée d'avoir une armée permanente de sept cent mille hommes.

Avant la révolution , cent cinquante mille hommes suffisaient à sa sûreté en temps de paix.

Il est impossible que cet ordre de choses subsiste ; plutôt ou plus tard il nécessitera une réaction terrible.

Tel est , au reste , le produit net que nous devons à notre révolution.

des Nègres !..... Les Anglais et les Anglo-Américains , qui ont fomenté et soutenu la révolte des Nègres à Saint-Domingue , en gémiront un jour , mais trop tard.

Ainsi, sans parler des crimes et des calamités horribles de l'intérieur, le résultat de la révolution, pour la France, est donc en définitif la perte de notre marine militaire et marchande, celle de nos colonies et de notre commerce maritime, celle de nos anciens alliés en Italie et en Allemagne, la perte de plusieurs portions de nos frontières, et deux invasions successives par un million de soldats !.....

Indépendamment de ce que les alliés ont emporté, en nous pillant, il a fallu y ajouter quinze cents millions, pour les dédommager de la fatigue des deux visites amicales qu'ils nous ont faites ; plus , un supplément annuel de cent cinquante millions pour alimenter , habiller et loger cent cinquante mille de leurs camarades, qu'ils nous ont fait l'amitié de nous laisser pour tuteurs !...... Enfin , nous aurons le voisinage de sept cent mille hommes sur leurs nouvelles frontières, aujourd'hui, de tous côtés, limitrophes des nôtres, prêts à nous faire une troisième visite, si nous avons la sottise de nous diviser encore, et d'annuler ainsi nos forces, invincibles si nous restons unis à notre Roi.

Tel est, je le répète, pour la France, le résultat de la révolution...... Mais en revanche nous avons ou nous aurons l'indépendance des journaux !

Il ne manquerait rien à notre bonheur si ces journaux, qui vont être désormais la boussole de la France et les fanaux du gouvernement, l'effroi des ministres et les surveillans des chambres, réussissaient à nous hollandiser et à nous angliciser complètement en nous persuadant de substituer (en nous amusant à les lire) *au café*, que peuvent encore nous envoyer Bourbon, Cayenne et la Martinique, (boisson qui augmente notre pétulance naturelle); si, dis-je, ils nous persuadaient de lui substituer l'usage *du thé*, que ces deux voisins nous fourniraient volontiers, et qui, nous débarrassant de ce qui nous reste d'argent, nous rendrait bientôt sombres et penseurs comme eux, et dignes de l'éloge que *l'empereur Julien* faisait des Gaulois, et notamment *des Parisiens* de son temps.

Je doute, au reste, que cette notice inspire la manie des révolutions à nos enfans.

Qu'ils soient au régime du café ou du thé, ils s'en tiendront sans doute à leur Roi légitime, qui, seul, a sauvé la France d'un naufrage total, et à la Charte émanée de sa sagesse.

Je finis par une observation importante; on a dit (et c'est, je crois, un grand personnage), on a dit que l'Europe avait prouvé à la France qu'elle n'était pas *seule* assez forte pour lui résister ; l'on prétend le démontrer par le succès des deux invasions.

Ce raisonnement n'est qu'un sophisme applicable à la France divisée, mais faux si l'on prétend l'appliquer à la France ralliée sous son Roi légitime et concentrée dans ses limites naturelles.

En effet, que l'Europe réunie nous attaque sur notre terrain avec un million de soldats, lorsque nous serons unis et dévoués à notre Roi, nous lui en opposerons deux millions ; qu'elle nous attaque avec deux millions d'hommes, nous lui en opposerons quatre millions, comme nous l'avons déjà fait, et toujours dans la même progression, ce qui, au reste, conduirait à l'absurde.

Non, il n'est pas possible à l'Europe entière d'envahir la France, ralliée sous les étendards de son Roi légitime ; la France, dont chaque individu devient soldat en six semaines, et digne d'être grenadier dès la première campagne !

Non, l'Europe entière ne réussirait pas, dans mon hypothèse, à y parvenir, et n'aura pas la témérité de le tenter.

Mais, je répète que c'est un fléau épouvantable pour l'Europe, comme pour la France, de nous envelopper de sept cent mille soldats, et de nous forcer, pour notre sûreté, d'en opposer autant (1).

Je répète, que les quinze cents millions

---

(1) En effet, si nous n'avons pas une armée proportionnée à celles qui nous cerneront désormais, nos places fortes seraient neutralisées ; il suffirait de les masquer par quelques divisions plus ou moins nombreuses, et cinq cent, six cent mille hommes pénétreraient sans obstacle dans la capitale et dans le cœur du royaume.

J'admets que si nous sommes unis et soumis à notre gouvernement, ils finiraient par être exterminés : mais

que l'on nous a imposés comme représailles, (après nous avoir préalablement outrageusement pillés) sont et seront la source de grands malheurs pour l'Europe, et éterniseront désormais les représailles et les guerres d'extermination. — *Manet altâ mente repostum.*

Je dis que les grandes puissances de l'Europe, en nous cernant et en se mettant en contact immédiat avec nous, au lieu de laisser des états intermédiaires entre elles et nous, multiplient, contre leur intention, les chances de guerre, loin de les diminuer, et plus encore à leur préjudice qu'au nôtre.

L'avenir prouvera la vérité de mon assertion ; son développement m'entraînerait au-delà des limites de cet écrit.

---

quels ravages, quels malheurs ne précéderaient pas et n'accompagneraient pas cet évènement !...

Nous savons ce qu'il nous en a coûté pour deux invasions amicales : que serait-ce d'une invasion hostile !...

Comment les Souverains parviendront-ils à concilier la sûreté de la France et la sûreté de l'Europe !... *Hoc opus, hic labor est.*

FIN.